AF237192

So lebt

Irland

Der perfekte Reiseführer für einen unvergessli-
chen Aufenthalt in Irland inkl. Insider-Tipps und
Packliste

Miriam Landmann

✈ INHALT

Das erwartet Sie in diesem Buch

Herzlich Willkommen und schön, dass Sie sich für den Reiseführer „Irland lieben lernen!" entschieden haben!

Irland ist ein facettenreiches, faszinierendes Land mitten im Atlantik. In diesem Buch werden Sie lernen, wie der Inselstaat entstanden ist und was ihn zu einem so besonderen Reiseziel macht.

Sie hören von einem Land, in dem die Natur die Hauptrolle spielt; ein verwunschenes Paradies voller historischer Highlights. Ein jeder Steinhaufen der

Insel erzählt eine Geschichte, hinter jedem Hügel verbirgt sich eine Legende und um jeden Schlossturm rankt sich eine Heldensaga.

Es geht vorrangig darum, wie Sie Ihren Aufenthalt in einem der vielseitigsten Länder Europas unvergesslich machen. Sobald Sie von den temperamentvollen, irischen Einheimischen und ihren kulinarischen Köstlichkeiten hören, wird Ihnen das Herz aufgehen. Lassen Sie sich von der Insel verzaubern!

Wie viele Tage sollte ich in Dublin einplanen? Eher an die Küste oder ins Landesinnere? Soll ich mit dem Mietauto oder lieber mit dem Bus durch das Land reisen? Wie ist das Wetter?

Diese und mehr Fragen werden Ihnen beantwortet, mit exklusiven Insider-Tipps und Tipps zum Sparen in fast jedem Kapitel.

Machen Sie sich bereit für eine atemberaubende Reise durch bunte Hafenstädte, entlang schroffer Küsten und mit umwerfender landschaftlicher Schönheit so weit das Auge reicht. Erleben Sie Wellen, die tosend gegen Jahrtausende altes Gestein schlagen, und Attraktionen in schwindelerregenden Höhen. Irland ist wild, vielseitig und freundlich.

Viel Vergnügen!

Warum Irland?

1. DIE LANDSCHAFT!

An kaum einem Ort der Welt kann man die Schönheit der Natur so vielseitig bewundern wie auf der kleinen Insel im Atlantik. Das satte Grün der üppigen Wälder und Wiesen trifft auf das tiefe Blau des Ozeans – oftmals soweit das Auge reicht.

Einsame Sandstrände, wilde Wellen, Felsspalten und unterirdische Höhlen laden zum Entdecken und Staunen ein.

Doch auch Ruhe und Frieden kommen hier nicht zu kurz. Die vielen Kanäle und Flüsse begeistern nicht wenige Angelfreunde. Und wo könnte man besser durchatmen als in einem kleinen Fischerboot auf einem windstillen See inmitten üppiger grüner Vegetation?

2. DIE MENSCHEN!

Helle Haut, Sommersprossen und vor allem: rote Haare. Genau so stellt man sich unwillkürlich die Menschen in Irland vor. Die Realität allerdings: Neun von zehn Iren sind überhaupt nicht rothaarig.

Die Einwohner Irlands sind genauso herrlich widersprüchlich wie das Land, das sie ihr Eigen nennen; so sind sie stets freundlich und zuvorkommend, aber einer deftigen Schlägerei nicht abgeneigt.

Die Iren sind ein trinkfreudiges Volk; immerhin sind sie Vizeweltmeister (direkt nach den Tschechen) im Alkoholkonsum! Gleichzeitig waren sie aber die ersten der Welt, die ein absolutes Rauchverbot am Arbeitsplatz umgesetzt haben.

Beinahe die gesamte Insel ist streng katholisch, stimmte aber 2015 trotzdem deutlich für die Legalisierung der Homo-Ehe.

Auffällig ist jedoch vor allem, wie unglaublich nett und gesellig die Bewohner der grünen Insel sind. So kann es zum Beispiel durchaus passieren, dass wenn Sie am Straßenrand anhalten, um Kühe auf einer Weide zu streicheln, drei vorbeikommende Autos anhalten und fragen, ob Sie Probleme haben und Hilfe brauchen.

Die Menschen dort lieben Touristen und vor allem lieben sie ihre Familie und Freunde. Eine OECD-Studie besagt, dass an keinem Ort der Welt die Menschen sich in schweren Zeiten, nach eigener Aussage, so sehr auf Freunde und Familie verlassen können (Ganze 96 %).

Fun-Fact: die Iren haben mit 13 % die niedrigste Scheidungsrate der EU und ebenso die höchste Geburtenrate.

3. MYTHEN, SAGEN UND LEGENDEN!

Irland ist ein wahrlich märchenhaftes Land – so gibt es kaum einen Hügel, über den es keine Geschichte zu erzählen gibt. Feen, Kobolde, Hexen; sie alle werden Ihnen auf Ihrer Reise durch das schöne Land mit Sicherheit begegnen. Und wer weiß, vielleicht treibt auch der ein oder andere Wikinger-Geist sein Unwesen?

4. DIE FESTE!

Wenn die Bewohner der Insel eines richtig gut können, dann feiern! Bekannt ist vor allem der St. Patrick's Day, der Nationalfeiertag des Landes. Es heißt, der Bischof Patrick habe im 5. Jahrhundert den christlichen Glauben verbreitet und das Land mittels Predigt und einem Stock von den Schlangen befreit. Gefeiert wird seit ca. 1903 sein Todestag am 17. März. Es gibt zahlreiche Konzerte, Straßentheater und natürlich die weltberühmte Parade. Vorherrschend natürlich in der Farbe Grün!

Aber nicht nur das, die Iren sollen sogar Halloween erfunden haben. Sie nannten es damals ursprünglich „Samhain" und gefeiert wurde eine Mischung aus Erntedankfest und Silvester. *Samhain* bedeutet „Ende des Sommers". Es war ein Fest für die Seelen der Verstorbenen und gleichzeitig der Anfang der kalten Winterzeit.

Anders als heute wurden keine Kürbisse, sondern Rüben und Rote Bete ausgehöhlt, um die bösen Geister fernzuhalten.

5. DIE PUBS!

Jeder, der schon mal in Irland war, wird Ihnen bestätigen: Egal, wie winzig ein Ort auch sein mag; einen Pub gibt es immer. Die Pubs sind dunkel, urig und wunderbar gemütlich. Nicht selten wird live Musik gespielt. An den kleinen Tischen sitzen Einheimische mit Touristen zusammen und erzählen sich kleine und große Geschichten, bei einem oder mehreren Pints. Die kleinen Bars werden umgangssprachlich als „zweites Wohnzimmer" bezeichnet; hier treffen Leute aller sozialer Schichten und Altersgruppen aufeinander. Hier findet man dank der herzlichen und neugierigen Art der Iren auch am besten Anschluss. Dabei gilt: Getrunken wird in Runden, also ist jeder mal mit dem Bezahlen dran. Es gehört zum guten Ton, dass man erst geht, wenn alle ihre Runden ausgegeben haben.

Im Schnitt kommt auf 100 Einwohner 1 Pub. Sie sind also zahlreich vertreten auf der ganzen Insel! Im Pub bestellt man an der Bar, Alkohol gibt es ab 18 Jahren. Heute noch gibt es auf der Insel eine Sperrstunde – so wird um 23 Uhr das letzte Getränk ausgerufen bevor die Bar um 23:30 Uhr schließt. In Dublin kommt es allerdings schon mal vor, dass die

Kneipen am Wochenende länger geöffnet haben. Am ersten Weihnachtsfeiertag sowie am Karfreitag bleiben die Pubs geschlossen. An diesen Tagen wird in ganz Irland traditionell kein Alkohol getrunken.

6. ZAUBERHAFTE STÄDTE UND DÖRFER!

Nach persönlicher Erfahrung kann ich behaupten: Je kleiner ein Ort in Irland, desto hübscher ist er oftmals. Schmale Straßen winden sich durch malerische Orte, die Fassaden der Häuser bunt angestrichen, mit Blumen vor den Fenstern.

7. SONNENUNTERGÄNGE!

Natürlich sind Sonnenuntergänge überall auf der Welt wunderschön, aber in Irland kommen Sie viel länger in den Genuss des prächtigen Naturschauspiels. Das liegt an der Lage der Insel; sie liegt auf dem 53. Grad nördlicher Breite. Somit ergibt sich eine hohe Distanz zum Äquator, wodurch die schönen Farben länger am Horizont zu sehen sind. Zum Vergleich: nahe dem Äquator dauert ein

Sonnenuntergang etwa 20 Minuten, in Irland im Schnitt 48 Minuten!

8. SCHAFE!

Wussten Sie, dass Irland auch das „Land der Schafe" genannt wird? Dort leben nämlich fast so viele Schafe wie Menschen. Wirklich wahr!

9. MILDES KLIMA!

Sanfte Winter und kühle Sommer sorgen für perfektes Reisewetter zu fast jeder Jahreszeit in Irland. Es gibt kein schlechtes Wetter, nur schlechte Kleidung! Sie müssen zugegebenermaßen immer auf Regen eingestellt sein; aber dass es nur regnet, ist tatsächlich ein Mythos. Meist kommt nach einem kurzen Schauer die Sonne wieder zum Vorschein. Am besten die Wartezeit in einem gemütlichen Pub bei einem guten Pint versüßen!

10. KLEIN ABER FEIN!

Die Insel im Atlantik ist nicht zu klein und nicht zu groß – perfekt für einen Road Trip, der nicht unbedingt 4 Wochen dauern soll. Man kann in kurzer Zeit viel sehen, was vor allem aber auch an der Diversität der Orte liegt.

So kann man nach einer Woche mit einem riesigen Erlebnisschatz wieder nach Hause fahren, aber noch ein zweites, drittes, viertes Mal wiederkommen und schöne neue Orte entdecken.

Wissenswertes über die grüne Insel

FAKTEN

Irland ist ein Inselstaat in Westeuropa und misst ca. 70182 m². Die Hauptstadt und gleichzeitig größte Stadt der Republik ist Dublin. Sie liegt an der Ostküste der Insel. Durchschnittlich sind die Menschen in Dublin um die 27 Jahre alt – das macht die Stadt zu einer der jüngsten Hauptstädte Europas. Zugleich ist Dublin aber schon 1100 Jahre alt!

Man unterscheidet zwischen der Republik Irland und Nordirland. Die Republik Irland ist eine parlamentarische Demokratie. Sie ist seit 1973 Teil der Europäischen Union. Nordirland dagegen hat eine eigene Regierung, gehört aber zum Vereinigten Königreich.

Die Insel ist in 32 Grafschaften, sogenannte *Countys*, aufgeteilt. Sechs davon liegen mit 1,7 Millionen Einwohnern in Nordirland.

In diesem Reiseführer konzentrieren wir uns auf die Republik Irland mit ihren 4,8 Millionen Einwohnern. Davon leben allein ein Drittel in Dublin!

Das lange Zeit verarmte und von Auswanderung betroffene Land hat sich inzwischen zu einem hochmodernen Industriestaat entwickelt. So haben sich dort bereits Google, Facebook, Twitter und Amazon in den sogenannten Silicon Docks niedergelassen.

Im direkten Pendant zu all dem Fortschritt der Insel, steht die unglaubliche und oftmals unberührte Natur. Die sanfte Ruhe der Wiesen und Wälder mit ihren zahlreichen Seen und Kanälen, sowie die raue Schönheit der wilden Küste ziehen jedes Jahr über 10 Millionen Touristen an.

Die geschichtsträchtige Vergangenheit der Insel ist überall zu sehen und zu spüren. Irland ist beides, alt und modern zugleich. So werden in Irland zum

Beispiel zwei Sprachen gesprochen: Englisch und Irisch.

Irisch bzw. *Gälisch* ist eine keltische Sprache, die laut Institut zur Förderung der Sprache als eine der ältesten Sprachen der Welt gilt.

Obwohl die Alltagssprache Englisch ist, so kommt man in Irland doch immer wieder mit dem Gälischen in Kontakt. Die Straßenschilder sind meist in beiden Sprachen beschriftet. Auch in den Pubs und auf Volksfesten hört man immer wieder das alte Irisch. So sagen die Menschen zum Beispiel: „C'mere till I tell you", was so viel bedeutet wie: „Komm her, ich möchte dir etwas erzählen"; oder: „He's acting the maggot", was mit „er scherzt" übersetzt werden kann.

Falls Sie in Irland richtig Eindruck schinden wollen, sagen Sie an der Theke doch so etwas wie: „Dha Guinness le do thoil" – „Zwei Guinness bitte" (Gesprochen: gou-Guinness-leh-dah-hall). Oder schlicht und einfach „Sláinte" (gesprochen sloon-tscha) – Zum Wohl.

Die Iren werden hingerissen sein!

GESCHICHTE

Burgen, Ruinen, steinerne Mahnmale – heute noch besitzt Irland vielen Zeugnisse seiner bewegten Geschichte. Die Vergangenheit der Insel ist geprägt von zahlreichen Invasionen fremder Völker.

Laut Historikern wurde das Land um 10.000 v. Chr. das erste Mal von Menschen bevölkert. Es wurde allerdings, im Gegensatz zu England, nie von den Römern erobert. Bis ca. 5.000 n. Chr. wurde die Insel weitestgehend sich selbst überlassen. Ein junger Missionar, der heute als St. Patrick gefeiert wird, hatte das Land in dieser Zeit christianisiert. Somit begann sowohl ein religiöser als auch ein kultureller Aufschwung und ab dem 7. Jahrhundert spielten die Klöster eine immer wichtigere Rolle in der damaligen Gesellschaft.

Die folgenden Jahrhunderte, von ca. 800 bis 1100 n. Chr., herrschten die Wikinger in Irland. Sie überfielen das Land und ließen sich nieder. Viele heutige Städte wie Dublin, Wexford, Limerick und Waterford sind Wikingergründungen. Erst im Jahr 1014 wurden Sie von dem englischen König Brian Boru besiegt.

Die Briten kolonialisierten die Insel – aufgrund

dessen ist heute die offizielle Amtssprache des Landes immer noch Englisch. Bis ins 18. Jahrhundert war Irland englisches Hoheitsgebiet, beherrscht von der britischen Aristokratie. Doch die Engländer unterdrückten das Land; Armut, Hungersnot und wirtschaftliche Rückstände waren die Folgen.

Die daraus resultierenden Aufstände führten 1798 schließlich dazu, dass Irland als Teil des Englischen Königreiches anerkannt wurde.

Es schien dem Land besser zu gehen, die Wirtschaft erlebte einen Aufschwung – bis 1845 ein Pilz die Hauptnahrungs- und Einnahmequelle der Insel zerstörte: die Kartoffel. Die Menschen verhungerten zuhauf. Gleichermaßen wüteten Seuchen in großen Teilen des Landes. Das führte zu großen Wellen von Emigranten – bis 1920 verließen 5 Millionen Iren ihre Heimat.

Die englischen Großbauern standen während dieser schweren Zeit unter dem Schutz der englischen Regierung und deren Reserven. Sie konnten weiterhin ihrer Agrarerzeugnisse exportieren und sahen zu, wie die Iren verhungerten.

Die Aufstände der irischen Rebellen brachen nicht ab und so kam es schließlich zu einem

Unabhängigkeitskrieg (1919-1921), der in der Gründung eines irischen Freistaates gipfelte. Bis heute jedoch ist die Insel geteilt.

Rund 4000 Iren fielen dem Bürgerkrieg zum Opfer.

KURIOSITÄTEN

Sie wissen bereits, dass Irland vor allem für seine malerische Schönheit berühmt ist und man sich oft wie im Märchen fühlt, aber kennen Sie auch schon folgende Besonderheiten der Insel?

Zeit

Manchmal hat man das Gefühl, an bestimmten Flecken der Erde würden die Uhren langsamer ticken. In Irland war das früher tatsächlich der Fall!

Bis 1916 wurde die Zeit am Dunsink Observatory (eine Sternwarte im Townland Dunsink) außerhalb von Dublin gemessen. Diese Zeit liegt ganze 25 Minuten und 21 Sekunden hinter der Greenwich Mean Time!

See der verschwindet

Der See mit dem hübschen Namen „Loughareema" im Norden von Irland, bei Ballycastle, kommt und geht. Die verschiedenen Erzählungen darüber ranken sich bis ins späte 19. Jahrhundert zurück; so soll zum Beispiel ein ruheloser Geist eines Colonels für die wechselhafte Anwesenheit des Sees verantwortlich sein.

Tatsächlich haben wir es hier allerdings mit einem geologischen Phänomen zu tun: ein verbogenes „Abflussloch" im Grund verstopft sich bei starkem Regen mit Torf. Das Wasser kann nicht abfließen und so bildet sich ein See.

Magische Straßen

Kaum zu glauben, aber wahr: in Irland gibt es Straßen, in denen Autos bergauf rollen!

Eine solche Straße befindet sich zum Beispiel in den Comeragh Mountains in der Grafschaft Waterford. Der Weg ist gewunden und führt bergab. Man fährt mit dem Auto die Straße herunter, schaltet an ihrem Ende in den Leerlauf und siehe da – das Auto rollt rückwärts den Hügel hoch!

Liegt es an dem Erdmagnetfeld, das an dieser Stelle vielleicht zufällig besonders stark ist? Oder sind da etwa Feen am Werk?

Tatsächlich handelt es sich hierbei aber um eine optische Täuschung. Die Straße führt in Wahrheit nicht bergauf, sondern bergab. Unser Gehirn suggeriert uns nur den Anstieg, weil der tatsächliche Horizont nicht mit dem sichtbaren übereinstimmt.

Keine Feen, schade!

Guinness

Ein perfektes Pint wird genau 199,50 Sekunden eingeschenkt.

Die Besonderheit des Guinness-Bieres ist hierbei: Die Bläschen steigen nicht auf wie bei Kohlensäurehaltigen Getränken üblich, sondern sinken ab.

Wie denn das? Das liegt tatsächlich weniger an einer Eigenschaft des Bieres als vielmehr an den Gläsern, die für das Guinness verwendet werden. Die spezielle Form des Glases sorgt dafür, dass die Gasbläschen in der Mitte nach oben steigen, an den Glaswänden die Flüssigkeit allerdings durch die Strömung wieder absinkt.

Kobolde

Bei Ihrer Irlandreise werden Sie hin und wieder auf Straßenschilder stoßen auf denen geschrieben steht: „Leprechaun's Crossing". Sie markieren die Stellen, an denen Kobolde angeblich die Straßen überqueren.

Die Kobolde sind, neben dem Kleeblatt und der Harfe, das Wahrzeichen Irlands. Laut den Mythen sind es kleine, gewitzte Gestalten, die so allerhand Magisches an sich haben. So sind sie zum Beispiel die Schuhmacher der Feen und verstecken ganze Töpfe voll Gold an geheimen Stellen. Wenn es regnet und gleichzeitig die Sonne scheint zeigt ein Regenbogen ein solches Versteck an.

Keltische Harfe

Ebenso wie das Kleeblatt oder die Kobolde ist auch eine Harfe ein gängiges Symbol Irlands.

In dem Land, in dem die Musik so eine große Rolle des täglichen Lebens spielt, ziert die Harfe oft Münzen oder gar Bierflaschen. Laut einer Sage schenkten die Götter den Iren das Instrument, um das von Schmerz und Traurigkeit gezeichnete Volk zu erlösen. Mit den Melodien der Harfe kam die Freude der Menschen zurück.

Klima

Das Klima des Landes wird hauptsächlich vom warmen Golfstrom beeinflusst. Aufgrund dessen ist Irland nicht den extremen Temperaturschwankungen ausgesetzt, die in anderen Ländern des gleichen Breitengrades vorherrschen. Er sorgt für ein mediterranes, ausgeglichenes Klima mit milden Wintern und kühlen Sommern.

WETTER

Wenn Sie jetzt denken: „Ach, in Irland regnet es die ganze Zeit, das weiß doch jeder!", liegen Sie damit nicht ganz falsch – aber auch nicht zu 100 % richtig. Es regnet überdurchschnittlich oft, das mag stimmen, aber selten lange und heftig. Es kommt eher zu kurzen Schauern, die sich gut mit geeigneter Kleidung oder einem Pub-Besuch aushalten lassen. Der Regen wird von Ortsansässigen gerne als „liquid sunshine", also „flüssigen Sonnenschein" bezeichnet. Beständig ist das Wetter aber wahrlich nicht. So kann es durchaus vorkommen, dass Sie alle vier Jahreszeiten an nur einem Tag erleben!

Da das Klima vom warmen Golfstrom geprägt ist, herrschen ganzjährig angenehme und ausgeglichene Temperaturen. Januar und Februar sind mit 4-7 °C die kältesten Monate des Jahres. Selten fällt die Temperatur unter 0 °C, Schnee gibt es in Irland so gut wie nie.

Die beste Reisezeit liegt zwischen Mai und September, wobei Mai und Juni als die regenärmsten Monate gelten. Die Temperatur klettert auch im Sommer gerade mal auf 18 °C – was ausgedehnte Wanderungen selbst im Sommer nicht zu einer Qual werden lässt.

Aber Achtung: Die Sonne scheint aufgrund der geringen Luftverschmutzung ziemlich stark. Sonnencreme nicht vergessen!

Die Wassertemperatur des Atlantiks steigt allerdings höchstens auf 14 °C; was einen Badeurlaub an der irischen Küste nicht unbedingt reizvoll erscheinen lässt.

Im Juli und August ist es dafür durchschnittlich 18 Stunden am Tag hell; dunkel wird es erst gegen 23 Uhr. Wenn die Iren also von langen Tagen sprechen, ist das durchaus wörtlich zu nehmen.

FLORA UND FAUNA

Beweis für das milde Klima ist die üppige und farbenprächtige Vegetation auf der gesamten Insel. Das milde und feuchte Wetter ist die beste Voraussetzung für das Gedeihen verschiedenster Moose und Flechten sowie der vielfältigen Gräser, die beinahe die gesamte Oberfläche der Insel bedecken. Kaum verwunderlich, dass Irland auch die „Grüne Insel" genannt wird, oder?

In Irland blüht beinahe das ganze Jahr über

etwas – einzigartig hierbei ist, dass Blütenpflanzen, die zum Beispiel üblicherweise in der Arktis oder Nordamerika auftauchen, fröhlich nebeneinander wachsen. Auch seltene alpine und mediterrane Pflanzenarten finden sich auf der Insel.

Der Waldanteil dagegen beträgt allerdings nur noch etwa 10 % der Landesfläche, da in den vergangenen Epochen weite Teile der Wälder für den Schiffsbau und die Metallgewinnung gerodet wurden.

Tipp: Viele Pflanzenarten auf kleinem Raum können Sie sich in den Botanischen Gärten in Dublin ansehen – hier sind ca. 20.000 verschiedene Pflanzen zu bestaunen. Der Eintritt ist kostenlos.

Der Artenreichtum der Säugetiere an Land ist im Vergleich dazu geradezu arm. Seit der letzten Eiszeit leben nur noch ca. 28 Arten auf der Insel. Hauptsächlich sind in den Nationalparks Damhirsche und Rotwild beheimatet. Rotfüchse, Baummarder und Dachse sind die Jäger unter den Säugern auf der Insel. Sie werden für die zahlreichen Feldhasen und Mäusen gefährlich; lassen sich aber selten in der

Nähe von Menschensiedlungen blicken.

Vor allem begegnen einem in Irland Schafe, Rinder und kleine, stämmige Pferde. Die Nutztiere sind auf üppigen grünen Wiesen rund um die Ortschaften verteilt.

Im Wasser sieht es mit dem Artenreichtum der Säuger allerdings anders aus. Die Atlantikküste der Insel ist einer der besten Orte in Europa, um Finnwale, Buckelwale, Delfine, Riesenhaie und, je nach Saison, sogar Orcas zu beobachten. Ganze 24 Walarten tummeln sich in den hiesigen Gewässern.

Vogelarten dagegen sind über 100 dauerhaft in Irland sesshaft, weitere 150 zwitschernde Tierchen statten der Insel saisonweise Besuche ab. Hobby-Ornithologen kommen hier voll und ganz auf ihre Kosten! Auf der gesamten Insel gibt es keine Schlangen – angeblich St. Patrick sei Dank.

Unterwegs in Irland

ANREISE

Irland ist bekanntlich eine Insel – einen Landweg dorthin gibt es nicht. Anreisen kann man aber ganz einfach per Flugzeug: viele Städte Europas bieten inzwischen Direktflüge an. In Deutschland allein gibt es 17 verschiedene Flugverbindungen. Die Flugdauer beträgt in etwa zwei Stunden. Flüge bekommen Sie mitunter bereits für 30 €.

Ebenso kann man mit der Fähre anreisen und so auch mit dem eigenen Auto die Insel erkunden. Fährhafen gibt es in Belfast, Cork, Larne und natürlich Dublin.

VON A NACH B

In Irland angekommen, gibt es verschiedene Möglichkeiten, im Land unterwegs zu sein. Es gibt auch Inlandsflüge, allerdings nur zwischen Dublin und Kerry und Dublin und Donegal. Ein Inlandsflug dauert ca. 40 Minuten.

Die Insel verfügt über ein umfassendes und schnelles Schienennetzwerk, sodass die Reise mit dem Zug durch das Land durchaus eine Option ist. Wenn man hier die Tickets im Voraus online bucht kann man oftmals viel Geld sparen.

Tipp: An Sonn- und Feiertagen sind die Züge weniger ausgelastet, was die Zugreise deutlich angenehmer machen dürfte.

Die gängigste Reiseform in Irland ist allerdings die Straße. Die Straßen haben generell einen hohen Standard und reichen von Autobahnen über zweispurige Schnellstraßen bis zu Nebenstraßen mit Gegenverkehr und kleinen, kurvenreichen Landstraßen.

Die Autobahnen sind bezeichnet mit **M**, die

Bundesstraßen mit **N**. Die Distanz auf den Straßen-
schildern wird stets in Kilometern angegeben

Achtung: Auf den Straßen Irlands herrscht
Linksverkehr. Das mag am Anfang ungewohnt sein,
doch Sie werden sich mit Sicherheit schnell zurecht-
finden. Die Iren fahren sehr umsichtig und rück-
sichtsvoll. Es gelten dieselben Verkehrsregeln wie in
Deutschland – erstaunlicherweise gilt bei ungeregel-
ten Kreuzungen ebenfalls rechts vor links.

Um in Irland Auto zu fahren, braucht man einen
gültigen nationalen oder internationalen Führerschein. Gesetzlich ist außerdem vorgeschrieben,
dass sämtliche Insassen des Autos angeschnallt sein
müssen. Die Autovermietung findet im ganzen Land
großen Anklang. Auch Menschen mit eingeschränk-
ter Mobilität werden entsprechend modifizierte Autos angeboten.

An allen Flughäfen und in vielen Städten kann
man als Tourist ein Auto mieten. Man braucht dafür
lediglich einen gültigen Führerschein und eine Kreditkarte. Mindestalter ist hier oftmals 25, darunter
wird es schnell viel teurer. Eine Altersobergrenze für
die Automietung gibt es nicht; ab 75 müssen allerdings zusätzliche Bedingungen erfüllt sein.

Achtung: Die Mietautos haben meist ein Schaltge-
triebe. Sollten Sie ein Automatikgetriebe bevorzu-
gen, sollte Sie unbedingt im Voraus buchen.

Das Vorausbuchen empfiehlt sich aber generell,
da die Preise niedriger sind als vor Ort. Ein gemiete-
ter Kleinwagen kostet hier ca. 110 € pro Woche.
Achten Sie unbedingt darauf, dass eine Vollkasko-
Versicherung ohne Selbstbeteiligung im Angebot inkludiert ist. Die Tankregelung voll-zu-voll empfiehlt
sich ebenfalls.

Die Benzinpreise des Landes sind den unseren
sehr ähnlich.

Es ist auch möglich, ein Motorrad zu mieten –
hierfür ist aber ein Motorradführerschein vonnöten.
Die Miete eines Wohnmobils ist ebenfalls möglich,
einen besonderen Führerschein braucht man dafür
nicht. Man sollte allerdings seit mindestens 8 Jahren
den Führerschein besitzen.

Achtung: Maut beachten! Einige wenige Straßen
und Tunnel unterliegen der Mautgebühr. Es kostet
1-3 €, diese Wege zu passieren. Bezahlen kann man
bar oder per Transponder (in den meisten Mietwa-
gen eingebaut). Vorsicht; bei Vergessen der Zahlung
kann sich die Gebühr schnell mal auf 20 bis 30 Euro

erhöhen. Hier bekommen Sie dann einen Strafzettel von Ihrem Mietwagenverleih.

Eine weitere Möglichkeit, auf Irlands Straßen zu reisen, ist mit dem Bus. Viele private Busunternehmen bieten geplante Touren und private Urlaubsreisen an. Eine Busreise ist zwar vergleichsweise teuer, bietet aber die Möglichkeit, auf eine wunderbar entspannte Art zu reisen. Man braucht sich keine Gedanken machen, sondern kann einfach die vorbeiziehende Landschaft genießen!

In den großen Städten wie Dublin gibt es öffentliche Verkehrsmittel wie Straßenbahnen und Busse. Hier ist es ratsam, das Auto stehen zu lassen und auf sie zurückzugreifen, da der innerstädtische Verkehr oftmals ziemlich hektisch ist.

> Tipp: Für den Bus das Kleingeld passend bereithalten. Die Busfahrer können oft nicht wechseln.

Da Irland so reich mit Seen, Flüssen und Kanälen gesegnet ist, kann man auch zu Wasser reisen. Es gibt viele kleine Fährunternehmen, die auch Boote vermieten. Für ein kleines Hausboot oder ein Kanalboot ist auf der Insel kein Bootsführerschein vonnöten.

Erfahrung im Umgang mit Booten ist dienlich, allerdings auch keine Voraussetzung. Sollten Sie sich für die Reise per Boot entscheiden, sollten Sie aber unbedingt immer über die aktuelle Wetterlage informiert sein.

Achtung: Das Boot muss jeden Abend anlegen, fahren bei Nacht ist verboten.

ÜBERNACHTEN

Wenn Sie die Insel nicht gerade mit dem Wohnmobil oder dem Hausboot bereisen, brauchen Sie natürlich auch Unterkünfte für die Nächte.

Je nach Budget gibt es auch hier verschiedene Möglichkeiten. Sie können ganz klassisch in ein Hotel einchecken – komfortabel aber oft auch kostspielig. Sollten Sie in einer großen Gruppe reisen und planen, länger an einem Ort zu bleiben, bietet sich die Mietung eines Ferienhauses an. Hierbei ist allerdings zu beachten, dass Ferienhäuser oft erst ab einer Woche Mindestaufenthalt vermietet werden und die Hinterlegung einer Kaution verlangt wird.

Deutlich preiswerter sind hier die Aufenthalte in Hostels. Die günstigen Unterkünfte finden Sie in jeder größeren Stadt und oft ist das Frühstück im Preis mitenthalten. Sie haben hier die Möglichkeit zwischen Mehrbettzimmern (sehr günstig!) oder privaten 1-3-Bett Zimmern zu wählen. Die Hostels werden hauptsächlich von Jugendlichen und jungen Erwachsenen genutzt.

Mein Tipp ist jedoch: ein Bed & Breakfast! Diese Unterkünfte sind oftmals vermietete Zimmer in privaten Häusern. So lernen Sie die Iren am besten kennen, direkt bei ihnen zu Hause! In den Bed & Breakfasts herrscht eine freundliche, familiäre Atmosphäre. Hier können Sie die legendäre Gastfreundschaft der Inselbewohner hautnah miterleben. Wie der Name schon sagt, bekommen Sie hier für kleines Geld ein Bett für die Nacht und ein leckeres Frühstück am Morgen. Die meisten vermieten schon ab einer Nacht – perfekt also, wenn Sie eine Rundreise planen und nicht lange am selben Ort verweilen möchten.

E S S E N   U N D   T R I N K E N

Die Mahlzeiten der Insel sind bodenständig, traditionell und vor allem eins: Alltagstauglich. Die irische Küche hat oftmals den schlechten Ruf, ungesund und fettig zu sein, aber das sind überholte Vorurteile. Das Essen ist köstlich und besteht hauptsächlich aus frischen, biologischen Zutaten.

Die Iren mögen ihr Essen deftig; selbst das Frühstück! Sie leben nach dem Motto: Frühstück ist die wichtigste Mahlzeit des Tages, und so ist es üppig und sättigend. Ein typisches irisches *Breakfast* besteht aus Ei (je nach Vorliebe Rührei, Spiegelei oder hart gekocht), Würstchen, Speck, Baked Beans (warme gekochte Bohnen in Tomatensoße), gebratene Champignons und eine halbe gegrillte Tomate. Dazu werden kleine Kartoffelküchlein oder Toast mit Butter gereicht. Man trinkt Kaffee oder Tee. Dieses Frühstück gilt als vollwertige Mahlzeit und wird in vielen Pubs den ganzen Tag über angeboten.

Sollte Ihnen das deftige Essen am Morgen allerdings nicht zusagen, gibt es auch süße Varianten des Frühstücks, wie Porridge, kleine Pfannkuchen mit Ahornsirup oder die berühmten Scones.

Da man auf der Insel so reichlich frühstückt, gibt

es zu Mittag verhältnismäßig wenig. Oft besteht die Mahlzeit aus einem Sandwich und einer Tasse Tee.

Tipp: In vielen Pubs gibt es ganztägig Mahlzeiten, die unserem Standard von Mittagessen entsprechen. *Lunch* kostet hier zwischen 8€ und 10€.

Nachmittags gegen 16 Uhr gibt es dann *Tea* – eine eigene Mahlzeit bestehend aus einer Tasse kräftigen Tees und einem Gebäckstück. Tee ist das populärste Getränk in Irland (sogar noch vor dem Guinness!). Im Durchschnitt trinkt jeder Ire am Tag 4-6 Tassen Tee. Sie leben ganz nach dem Motto: „There's nothing wrong which can't be fixed with a cup of tea.", was so viel bedeutet wie: Es gibt nichts, das so schlimm ist, dass eine Tasse Tee nicht helfen würde.

Tipp: Gästen wird meist eine Tasse Tee angeboten. Die Ablehnung führt hier zu Irritationen seitens der Gastgeber. Getrunken wird Tee mit Milch und Zucker.

Die wichtigste Mahlzeit ist allerdings mit Abstand das Abendessen. Ein typisches irisches *Dinner* besteht aus Fleisch, Kohl und Kartoffeln. Klingt langweilig? Weit gefehlt!!

Da gibt es zum Beispiel den *Irish Stew*, ein Eintopf bestehend aus Fleisch, Kartoffeln, Zwiebeln, Weißkohl und Speck. Stärkt und tut gut nach einer langen Wanderung im Nieselregen. Berühmt ist auch der *Shepherd's Pie*, ein Fleischauflauf überbacken mit Kartoffelbrei.

Kartoffeln sind auf der Insel seit jeher das weitverbreitetste Agrarerzeugnis – da wundert es wenig, dass sie in fast jedem Gericht enthalten sind.

> Tipp: Viele Restaurants bieten zwischen 17 und 19 Uhr vergünstigte Komplettmenüs an.

Die irische Küche ist sehr saisonal orientiert; so gibt es Lamm im Frühling, Fisch im Sommer, Suppen und Eintöpfe im Winter.

Seafood ist sehr beliebt. Zu empfehlen sind die Austern im September! Probieren Sie doch mal eine Muschelsuppe – cremig und wunderbar sättigend. Mit Brot und Butter ein Genuss!

In jedem größeren Ort werden Sie unter der Woche Lebensmittelmärkte antreffen. Hier ist es toll, frisches Gemüse und Obst zu kaufen, vielleicht noch eine Käserei zu besuchen und beim Metzger nach den Spezialitäten zu fragen. Jetzt noch ein frischer Laib Brot dazu und Sie können sich ein schönes Fleckchen Natur für ein Picknick suchen!

Neben dem Tee ist Irland für weitere flüssige Spezialitäten bekannt: Bier und Whiskey.

Ein Pint Bier fasst 0,568 Liter. Fast überall wird aber auch ein halbes Pint angeboten. *Guinness* ist, was das Bier angeht, ganz klar der Marktführer, Murphy's *Irish Stout* ist hier aber der schärfste Konkurrent. Beides sind *Stouts* – dunkle, herbe Biere. Ein *Red Ale*, wie das *Kilkenny* Bier, ist dagegen etwas milder.

Es gibt aber auch jede Menge Leichtbiere. Am besten im Pub nach der lokalen Biersorte fragen! So können Sie sich gewissermaßen einmal durch Irland trinken.

Eine weitere leichtere Version des Bieres ist das *Shandy*. So wird eine Mischung von Bier mit alkoholfreiem genannt, es entspricht in etwa unserem Radler. Gemischt wird hier mit Limonade, Ginger Beer,

Ginger Ale, Apfelsaft oder O-Saft. Mag gewöhnungs-bedürftig klingen, schmeckt aber tatsächlich ziemlich gut!

Tipp: Man bestellt in Irland möglichst nicht einfach nur „beer" sondern direkt die Sorte, wie Guinness oder Kilkenny. Ein Guinness kostet in der Regel um die 3-4 €, in Dublin aber gerne mal 6 €.

Ebenso bekannt wie beliebt ist in Irland der Whiskey. Bekannte Namen sind hier *Jameson* oder *Tullamore Dew.* Im ganzen Land finden sich Whiskey-Destillerien, die nach ganz Europa exportieren. Die Iren sind wahnsinnig stolz auf ihren Whiskey, also gerne mal probieren! Getrunken wird zwei Fingerbreit in einem bauchigen Glas, ohne Eiswürfel.

Meistens wird unaufgefordert eine Kanne Leitungswasser auf den Tisch gestellt, dieses Wasser gehört zum Service und ist kostenlos.

Tipp: In den Restaurants wird man zu einem freien Tisch geleitet, also nicht einfach hinsetzten.

Beim Trinkgeld wird einfach aufgerundet, ungefähr so wie in Deutschland. Wenn man sich das Bier an der Theke selbst holt, ist es nicht üblich, Trinkgeld zu geben.

Highlights

TOP 20 DER BEKANNTESTEN UND BELIEBTESTEN ORTE DER INSEL

B ei Ihrer Reise durch das märchenhafte Land im Atlantik werden Sie viele Orte sehen, die alle ihre ganz eigene Geschichte erzählen. Die Insel ist mit so vielen sehenswerten Burgen, Ruinen und Parks gespickt, wie kaum ein anderes Land in Europa.

Nachfolgend stelle ich Ihnen 20 der interessantesten Orte der Gegend vor.

Cliffs of Moher

Atemberaubende Felswände erstrecken sich bis zu 214 Metern über dem Meer im Südwesten der Insel. Die wilden Wellen des Atlantiks schlagen schäumend gegen das 350 Millionen Jahre alte Gestein – ein unvergleichliches Naturschauspiel.

Die Klippen von Moher sind wohl die bekannteste Attraktion Irlands. Die 8 Kilometer langen Steilklippen befinden sich ca. 70 Kilometer von Galway entfernt. Ganzjährig kann man am Rand der Klippen entlangwandern und die fantastische Aussicht genießen. Keine Angst vor Absturz; die Pfade am Rand des Abgrunds sind auf langen Strecken mit einem Zaun aus Steinplatten gesäumt.

Die Klippen haben bei jedem Wetter ihren speziellen Reiz; so kann man bei Sonnenschein unglaublich weit auf das Meer hinausblicken; bei Wind und Regen dagegen die entfesselte, rohe Schönheit des Ozeans bewundern.

Auch Filmemacher bedienten sich in der Vergangenheit gerne der rauen Begebenheiten des Ortes – so sind die Klippen zum Beispiel in „Harry Potter und der Halbblutprinz" in einer dramatischen Schlüsselszene zu sehen.

Ring of Kerry

Der Ring of Kerry ist eine 170 Kilometer lange Panoramastraße, die die Halbinsel Iveragh im Südwesten Irlands umrundet. Die Route startet in Killarny und führt größtenteils entlang der Küste an weißen Sandstränden, dramatischen Bergpässen und charmanten Dörfern vorbei.

Genießen Sie auf dieser Strecke die unberührte Natur und erhalten Sie tiefe Einblicke in das altertümliche Irland. Aufgrund der Fülle der Sehenswürdigkeiten sollte man sich hier wirklich Zeit lassen.

Tipp: Wenn Sie von Killarny aus losfahren, führt Ihr Weg Sie zuerst durch dichte Wälder, vorbei an den großen Seen des Killarny National Parks hinauf zum Moll`s Gap. Hier unbedingt unterwegs am Aussichtspunkt *Ladies View* anhalten und den Überblick auf das Seengebiet des Parks genießen!

Weiter geht die Route durch das beschauliche *Kenmare*. Der Weg steigt stetig an und der Wald wird nach oben hin dichter, sodass man nur kurze Ausblicke auf das Meer erhascht. Oben angekommen führt die Route über die *Blackwater Bridge*, unter der sich der gleichnamige Fluss ins Tal stürzt. Sehr sehenswert!

Für den Rest der Fahrt passieren Sie hauptsächlich zerklüftet Küstenabschnitte mit kleinen

Sandstränden, bis Sie wieder in Killarny ankommen.

Seit jeher fahren auch Busse diese Strecke, aufgrund der engen gewundenen Straße allerdings ausschließlich gegen den Uhrzeigersinn. So werden die Autos nicht beeinträchtigt.

Temple Bar

Als Temple Bar wird ein Viertel Dublins bezeichnet, das als das kulturelle Herzstück der Hauptstadt gilt. Am südlichen Ufer des Flusses Liffey gelegen, bietet es eine Fülle an Pubs, Restaurants und Cafés. Massenhaft findet sich hier auch Kunst, wie zahlreiche Galerien ortsansässiger Künstler, oder Musiker, die auf den Straßen ihr Talent vorführen. Die engen Gässchen begeistern sowohl Kulturbegeisterte als auch Partyfans.

1980 hatte die Gegend keinen besonders guten Ruf und sollte eigentlich ein Busbahnhof werden – die wachsende Ansammlung an Kunst- und Kulturinstitutionen hat dies aber letztlich verhindert. Das bunte Viertel gilt heute als Spielplatz der Stadt.

Nationalmuseum

Ebenfalls in Dublin findet sich das Nationalmuseum Irlands. Es ist in vier verschiedenen Gebäuden in Dublin untergebracht. Hier empfiehlt es sich, sich vorher über die Ausstellungen der jeweiligen Gebäude zu informieren, da sie nicht beieinander liegen.

Die Ausstellungen umfassen fast 4 Millionen Stücke, die sich alle weitestgehend auf Irland beziehen.

Themenschwerpunkte sind Archäologie, Kunst und Geschichte, das Country Leben und Folkore sowie Naturhistorie. In der naturhistorischen Abteilung finden Sie fast 200.000 Exponate, vom Käfer bis zum Wal. Vor allem für Kinder sehr interessant!

Der Eintritt in die Museen ist kostenlos.

Connemara Nationalpark

Gräser, die sich im Wind biegen; klare, saubere Luft; Stille, die fast greifbar ist. Eine raue, kantige Natur, die einst schon Oscar Wilde als „savage beauty" – „wilde Schönheit bezeichnete. Die knapp 3.000 Hektar große Gegend unmittelbar nördlich von Galway wird nicht umsonst als wilder Westen Irlands bezeichnet.

Die Natur ist geprägt von kilometerweiten Torf-mooren, üppigen Heiden und tiefen Seen. Auf den ersten Blick mag der Nationalpark trist und kahl wir-ken, doch die Vielzahl an Pflanzen macht diese Ge-gend so besonders. Hier wachsen vor allem Pflan-zenarten, die aus kälteren Bereichen Europas stam-men.

Die Einsamkeit des Naturschutzgebietes wird nur hin und wieder von Schafherden oder den behei-mateten sogenannten Connemara-Ponys unterbro-chen. Ein wunderbarer Ort, um zur Ruhe zu kommen und dem hektischen Alltag zu entfliehen.

Guinness Brewery

In Irland ist das Guinness mehr als nur ein Bier – es ist ein Lebensgefühl. Vor allem Dublin identifiziert sich mit dem dunklen Gebräu. „Guinness is good for you!" – „Guinness ist gut für dich!" lautet der allseits bekannte Slogan.

Auf Ihrer Besichtigungsliste in Irland sollte des-halb unbedingt die Brauerei in Dublin stehen, die seit jeher das beliebte Stout herstellt. Der Eintritt kostet hier 25 €, aber dafür wird Ihnen auch so eini-ges geboten. So lernen Sie während der Tour durch die Brauerei zum Beispiel die verschiedenen Zutaten des Bieres kennen – alle Zutaten kommen tatsächlich von der Insel! Selbst das Wasser, das aus dem Quellen in den Wicklow Mountains gewonnen wird. Sie können sämtliche Aromen verkosten – begeben Sie sich auf eine Sinnesreise der Extraklasse!

Der Brauprozess ist als Multimedia-Show zu sehen – richtig gebraut wird hier nur hinter verschlossenen Türen. Sie lernen allerdings, sich ihr eigenes Guinness zu zapfen!

Interessant ist auch der im Original ausgestellte Pachtvertrag des Grundstückes. Der im 18. Jahrhundert aufgesetzte Vertrag besagt, dass sich die Pachtgebühr auf läppische 45 Pfund pro Jahr beläuft. Dieser Vertrag hat eine Gültigkeit bis ins Jahr 10.759.

Endpunkt des Rundganges durch die Brauerei ist schließlich die *Gravity Bar*, eine im obersten Stockwerk gelegene Bar. Ein Guinness ist hier im Eintrittspreis mitinbegriffen – kann auch selbst gezapft werden! Hier oben haben Sie die beste Aussicht über Dublin. Allein dafür lohnt sich der Eintrittspreis schon fast!

Trinity College

Das Trinity College ist die älteste und schönste Universität in Dublin, wenn nicht ganz Irland. Es wurde im Jahr 1592 von Elizabeth I gegründet und hat bis heute viele große Berühmtheiten beherbergt, unter anderen Oscar Wilde und Bram Stocker.

Mit seinen 190.000 Quadratmetern ist es eine Oase der Ruhe inmitten der hektischen Hauptstadt. Sehenswert ist hier der *Kampanile*, der 30 Meter hohe Glockenturm, der sich am Library Square befindet.

Man erzählt sich, dass man, wenn man unter ihm hindurch geht, während die Glocke läutet, sein Examen nicht besteht.

Das Ziel der meisten Besucher des Colleges ist aber die alte Bibliothek mit ihrem spektakulären „long room". Dieser Raum ist 64 Meter lang und ganze 12 Meter hoch. Mit ihren 4,5 Millionen Büchern, gesammelten Schriften und historischen Drucken ist sie die größte, eindrucksvollste Bibliothek der Insel.

Die Wände des Raumes sind komplett mit Regalen ausgekleidet, über einer Hauptebene befindet sich eine Galerie, die über schmiedeeiserne

Wendeltreppen zu erreichen ist. Die imposanten Regalreihen werden flankiert von Büsten großer Denker und Dichter. Anfassen darf man hier allerdings nichts; die Bücher sind säuberlich von den Besucherscharen abgegrenzt. Zu groß wäre der Verlust, sollte ein Buch beschädigt werden oder verloren gehen. Fotos darf man allerdings machen!

Ein weiteres Highlight, direkt hinter dem „long room" gelegen, ist das *Book of Kells*. Es ist eine aus dem 8. Jahrhundert stammende, aufwendig illustrierte Handschrift der vier Evangelien des Neuen Testaments. Es liegt aufgeschlagen in einem beleuchteten Glaskasten; jeden Tag wird eine Seite umgeblättert. Seit 2011 gehört es zu dem Weltdokumentenerbe der UNESCO.

Eintritt für die Bibliothek und das Book of Kells kostet 10 €.

Blarney Castle

Das Blarney Castle ist eine Burg, erbaut im 15. Jahrhundert. Sie liegt in der Grafschaft Cork, inmitten einer liebevoll angelegten Parkanlage. Die Burg verdankt ihre Berühmtheit vor allem dem sogenannten *Blarney Stone*. Küsst man diesen Stein, so soll man laut der Legende die Fähigkeit der Redegewandtheit erlangen.

Das ist allerdings nur etwas für Mutige, denn: der Stein ist in 30 Metern Höhe in die Burgmauer eingelassen. Um ihn zu küssen, muss man sich kopfüber über einen Spalt jenseits der Brüstung lehnen.

Wild Atlantic Way

An der irischen Westküste gelegen ist der Wild Atlantic Way mit seinen 2600 Kilometern eine der längsten ausgewiesenen Küstenstraßen Europas. Startend von der Halbinsel Inishowen im Norden Irlands aus, schlängelt sich die Route bis nach Kinsale im County Cork. Wenn Sie den kompletten Weg abfahren wollen, sollten Sie mindestens drei Wochen Zeit einplanen – aber auch kurze Abschnitte des Weges bieten schon ein großartiges Abenteuer. Die Strecke ist der perfekte Roadtrip; vorbei an saftigen Hügeln, die Einöde nur durch gelegentliche Schafherden durchbrochen, gelangen Sie von Zeit zu Zeit in beschauliche kleine Ortschaften.

Dieser Weg ist ideal, um die rohe Naturgewalt des Atlantiks in seiner ganzen Pracht zu erleben. Wenn Sie gerne surfen oder Kajak fahren, können Sie jederzeit an einer der seichten Buchten Halt machen. Wer weiß, vielleicht begegnet Ihnen unterwegs auch der ein oder andere Leuchtturm?

Rock of Cashel

Im Süden Irlands thront auf einer Erhebung nahe der Ortschaft Cashel eine prächtige Ansammlung an historischen Gebilden. Von Zinnen und Türmen gesäumt, bildet die aus dem 13. Jahrhundert stammende Kathedrale den Mittelpunkt des gewaltigen Baus inmitten des Felsens.

Der Legende nach hat einst der Teufel ein Stück des Berges, *Devil's Bit*, abgebissen und im hohen Bogen wieder ausgespuckt. Dieses Stück landete inmitten der Region Tipperary und bildet heute den Grundstein für den Rock of Cashel.

St. Patrick soll an diesem Ort einst den König Agnus zum Christentum bekehrt haben.

Das komplexe bauliche Wunderwerk ist über Jahrhunderte hinweg auf dem Felsen gewachsen. Der älteste noch erhaltene Teil des Baus ist der 28 Meter hohe Turm. Er stammt vermutlich aus der Zeit um 1100 n. Chr.

Auch die Wikinger haben Ihre Spuren im Bauwerk hinterlassen, so kann man z. B. Schnitzereien in einem Sarkophag bewundern, die ganz deutlich nicht christlichen Ursprungs sind.

Glendalough

Glendalough bedeutet übersetzt „Tal der zwei Seen". Mitten im Wicklow Nationalpark entstand während der letzten Eiszeit ein paradiesisches Tal, das von zwei Seen eingesäumt wird. Inmitten dieses Tals steht das gleichnamige Kloster Glendalough. Erbaut im 6. Jahrhundert von dem heiligen St. Kevin, hat es sich zu einem Zentrum der Bildung des frühen Christentums entwickelt. Auch heute noch ist der Ort ein strahlendes Beispiel der Frömmigkeit.

Eine Geschichte besagt, dass die Arbeiter, die damals an der Erbauung des Klosters beteiligt waren, schworen, sie wollen jeden Tag mit dem Gesang der Lerche mit der Arbeit beginnen, bis der Bau abgeschlossen sei. Doch je mehr Zeit ins Land ging, desto mehr wurden sie der Arbeit und des frühen Aufstehens mit dem Schrei des Vogels überdrüssig. Gott sah dies und befahl der Lerche, das Tal zu verlassen. Aufgerüttelt durch diese drastische Veränderung der natürlichen Umgebung, wurde das Kloster schleunigst fertig gestellt. Man findet heute keine Lerche im gesamten Tal des Klosters.

Grafton Street

Die Grafton Street ist die Einkaufsstraße Dublins. Zwischen dem Trinity College und dem St. Stephen's Green Einkaufszentrum gelegen, befindet sich die heutige Fußgängerzone, die das Herz aller Shoppingliebenden mit Sicherheit höher schlagen lässt.

Im 18. Jahrhundert war die Straße unbedeutend, praktisch nicht existent, bis sich die wohlhabende Familie Dawson einen radikalen Umbau der Gegend vorgenommen hatte. Sie haben Geschäfte angesiedelt, denen bald andere folgten. Heute ist die Straße eine der wichtigsten Orte der Stadt.

Bunte Geschäfte schmiegen sich dicht aneinander, auf den Straßen geben Straßenmusiker und Gaukler ihr Können zum Besten. Selbst wenn Sie nichts kaufen – bestens unterhalten werden Sie hier mit Sicherheit!

Dingle Town

Auf der Halbinsel Dingle im County Cork, geschützt in einer Hafenbucht, liegt das malerische Örtchen *Dingle Town*. Die bunt gestrichenen Fassaden der typisch irischen Häuser laden zum Verweilen und flanieren ein. Ganze 57 Pubs findet man hier vor – somit hat die Stadt mehr Bars pro Einwohner (rund

1300 Menschen leben hier) als jede andere in Irland.

Dingle ist ein charmanter Fischerort, der von sich selbst behauptet, der größte gälischsprechende Ort der Insel zu sein. Tatsächlich kommen in den Sommerferien viele Einheimische mit ihren Kindern hierher, um ihnen die alte Sprache näher zu bringen.

Entlang der Küste des *Dingle Bay*, des Hafen des Ortes, ragen sich hohe Klippen empor. Ein aktiver Leuchtturm steht an deren Schnittstelle. Das Besondere hier: im Hafen hat sich in den achtziger Jahren ein rund 400 kg schwerer Tümmler niedergelassen, der von den Einheimischen liebevoll „Fungie" getauft wurde. Eine der Touristenattraktionen ist hier mit dem Boot auf Erkundungstour zu gehen. Nicht wenige haben den Delfin bereits aus nächster Nähe beobachten können!

Die Stadt hat ihm sogar ein eigenes bronzenes Denkmal errichtet. Sollten Sie den Delfin nicht aus nächster Nähe sehen können, so tröstet Sie dessen Anblick bestimmt.

Wicklow Nationalpark

Der Nationalpark in den *Wicklow Mountains* zeichnet sich durch hohe Bergketten und zur See abfallenden Weiden aus. Mit seinen 200.000 Quadratmetern deckt er weite Teile des Gebirges ab. Wälder sind hier eher spärlich vorhanden; hauptsächlich besteht die Gegend aus kilometerweitem Moorgebiet. Hier wachsen vor allem torfliebende Pflanzen; eine Vielzahl von Heidenpflanzen, Farnen und sogar wilden Orchideen.

Der Nationalpark kann kostenlos mit dem Auto durchfahren werden, beginnend in den Vororten von Dublin. Hier unbedingt unterwegs in Glencree halt machen und dem deutschen Soldatenfriedhof einen Besuch abstatten!

Die Straße, die sich über das Gebirge schlängelt, war einst die *Military Road* und wurde Anfang des 19. Jahrhunderts von der britischen Armee gebaut, um die Berge zu passieren. Sie führt von Nord nach Süd durch den kompletten Park.

In der Gegend befinden sich mehrere große Seen, wie den *Upper Lake* und den *Lower* Lake, die das Glendalough-Tal säumen. Auch der *Lough Tay* befindet sich in dem Gebiet. Der See mit seinem dunklen Wasser liegt auf dem Gelände der Guinness-Familie. Sie veranlassten, dass rund um den See ein Sandstrand angelegt wird. Somit sieht der See mit diesem weißen Rand und seiner tiefschwarzen

Farbe selbst ein bisschen wie das dunkle Stout aus. Aufgrund dessen wird der See auch umgangssprachlich als Guinness-See bezeichnet. Ob das wohl so beabsichtigt war?

In den Bergen des Nationalparks entspringt auch die Quelle, aus der das Wasser für die Guinness-Herstellung gewonnen wird.

Die Seen im Wicklow Nationalpark sind frei zugänglich und laden zum Schwimmen, Angeln und Verweilen ein. Auch Wassersport wie Kanufahren ist hier erlaubt.

Der ganze Park ist für Besucher freigegeben, Sie können hier also getrost einige abwechslungsreiche Wanderungen durch die Gegend machen. Selbst wildes Camping ist hier gestattet. Achten Sie hier aber bitte darauf, die Natur weitestgehend unberührt zu lassen und nichts zu hinterlassen, was der Umwelt schaden könnte. So kann die wunderbare Gegend noch lange von Abenteurern entdeckt werden.

Christ Church Dublin

Die *Christ Church Cathedral* wurde 1028 erbaut und liegt im Stadtzentrum von Dublin. Sie gilt als spiritueller Mittelpunkt der Stadt und war im Mittelalter eine der wichtigsten Pilgerstätten des Landes.

Damals beherbergte die Kathedrale ein Bruchstück der Krippe Jesu. Die ursprüngliche Wikingerkirche wurde gegen 1152 in die irische Kirche eingegliedert; hat heute aber nur noch wenig von ihrer ursprünglichen Bausubstanz. Durch zahlreiche Renovierungen und Umbauten stehen Sie heute eher vor einer Kirche des 19. Jahrhunderts.

Die Krypta allerdings, die sich unter dem kompletten Bau erstreckt, stammt tatsächlich noch aus dem Mittelalter und ist zur Besichtigung geöffnet. In der Krypta sind allerlei Besonderheiten ausgestellt, unter anderem eine mumifizierte Ratte und Katze. Hier unten finden Sie auch die Schatzkammer, sowie ein Café und den Souvenirshop. Die Krypta kann sogar für Veranstaltungen gemietet werden. Eintritt kostet hier 6 €.

Auch heute werden noch gut besuchte Messen in der Kathedrale abgehalten. Vier Mal pro Woche, während der Abendandacht, singt der Chor, der den Ruf hat, der Beste in ganz Irland zu sein.

Galway

Galway ist eine Stadt an der irischen Westküste. Sie liegt auf dem *Wild Atlantic Way*. Als drittgrößte Stadt der Insel ist sie auch als „heimliche Hauptstadt" bekannt. Ein Drittel der Bewohner sind ausschließlich Studenten.

Besonders macht sie vor allem der kulturelle Mix aus Vergangenheit und Gegenwart. Viele typische Merkmale der Insel sind hier in dieser Küstenstadt vereint. So auch die historische Vergangenheit; im Mittelalter war der Ort eine florierende Festungsstadt, die im 13. Jahrhundert ihre Blütezeit erlebte. Auch heute noch kann man Überreste der ehemaligen Stadtmauern erkennen.

Tipp: Im Galway-Museum können Sie mehr über die Entstehung des Ortes erfahren. Der Eintritt ist frei.

In Galway herrscht stets eine lockere und unbeschwerte Stimmung. Besuchen Sie doch mal eines der Feste der Stadt! Da gibt es unter anderem das *Galway Film Fleadh* im Juli, wo man unvergessliche Filme erleben kann. Oder gehen Sie zu einem der *Galway Races*, die bekanntesten Pferderennen des Landes. Bald werden Sie verstehen warum das Örtchen auch „Partystadt Irlands" genannt wird.

Tipp: Dem Trubel entkommen kann man wunderbar an der zwei Kilometer langen Promenade des Städtchens. Der Pfad führt zum Strand von *Salthill* – einem bezaubernden Küstenabschnitt des Atlantiks. Hier wechselt sich Kiesstrand mit feinem Sand ab und lädt zum Schlendern und Träumen ein.

Kilmainham Gaol

Das *Kilmainham Gaol* ist ein ehemaliges Staatsgefängnis in Dublin. 1796 eröffnet, wurden hier zahlreiche Revolutionäre gefangen gehalten und hingerichtet. Nach der Schließung 1924 wurde es zu einer nationalen Gedenkstätte.

Für 6 € kann man die Gebäude besichtigen. Die Zellen sind schmal, die Gänge dunkel, gesäumt von Steinwänden und dicken Stahltüren. Der später hinzugefügte „West Wing" ist ein 3-stöckiger, ovaler Anbau ohne Korridore – damit die Wärter stets alles im Blick hatten.

Im Exekutionshof erinnern zwei schlichte Holzkreuze an die Stellen, an denen die Vorreiter des Aufstandes 1916 erschossen wurden.

Alles an diesem Ort ist bedrückend und doch unglaublich spannend.

Fota Wildlife Park

Der Wildlife Park auf der Insel Fota in Cork ist wohl die wildeste Attraktion des grünen Landes. Der Wildpark ist eine unabhängig finanzierte, gemeinnützige Einrichtung. Seit sie 1983 eröffneten, verschrieben sie sich der Bildung und Forschung. Ziel war seit jeher der Naturschutz und die Erhaltung eben dieser.

Im Park treffen Sie auf eine Vielzahl von freileben wilden Tieren und Vögeln aller Art. Die größeren Tiere wie Giraffe, Zebras und Bisons sind aus Sicherheitsgründen in riesigen Arealen eingezäunt. Frei bewegen können sich aber kleinere Geschöpfe wie Lemuren. So kann es auch vorkommen, dass Ihnen ein kleines Känguru über den Weg hoppelt.

Neu eröffnet wurde vergangenes Jahr das Asien-Areal; hier leben unter anderem asiatische Löwen, Samutra-Tiger, Nashörner, Pustelschweine, Bartaffen und rote Pandas in ihren dem natürlichen Lebensraum nachempfundenen maßgeschneiderten Umgebungen. Unbedingt auch dem Tropenhaus mit seinen zahlreichen Schmetterlingen, Reptilien, Amphibien und tropischen Fischen einen Besuch abstatten!

Tipp: Als besonderes Highlight den *Cheetah Run* ansehen: Eine eigens für die Geparden des Wildparks entwickelte Konstruktion. Geparden sind nämlich nur aktiv, wenn sie es des Fressens wegen müssen; solange das Futter immer schön zu ihnen kommt, bewegen sie sich nicht großartig. Bei der Konstruktion handelt es sich um einen Draht, der in 3 Metern Höhe das Futter mit 65 Kilometern pro Stunde Geschwindigkeit über die Ebene sausen lässt. Um die Beute zu „erlegen" muss der Gepard nun hinterherjagen. Ein beeindruckendes Schauspiel!

Die Attraktion verfolgt das Ziel, die Menschen zu inspirieren und sie die Vielfalt der Natur verstehen zu lassen. Eintritt kostet 16,90€.

Fairy Trails
Wie Sie wissen, glauben die Iren an allerhand magische Geschöpfe. Unter anderen spielen die *Fairies* – Feen, eine große Rolle in den heimischen Sagen. Die kleinen geflügelten Wesen sind scheu, blitzgescheit und besitzen ihre ganz eigene besondere Art der Magie.

Einer Legende nach behüten die Feen die Menschen, die sich um sie kümmern und sie gut behandeln, und bewahren sie mit ihren Zauberkräften vor Unheil. Deshalb sieht man auch oftmals in den Gärten der Menschen kleine Feenhäuser – eigens für die gute Fee des Hauses gebaut.

Auf der ganzen Insel verstreut werden Sie auf *Fairy Trails* stoßen; liebevoll angelegte Wege, an denen winzige Feenhäuser versteckt sind. Einen solchen Weg gibt es zum Beispiel im *Parknasilla Resort* in Sneem. Die kleinen bunten Häuschen aus Holz oder Ton sind für den oberflächlichen Betrachter mit Sicherheit unsichtbar, doch mit ein bisschen Übung und ein wenig Fantasie gut zu entdecken. Sie verstecken sich in Baumhöhlen, hinter knorrigen Wurzeln und im dichten Unterholz. Manchmal muss man sich richtig strecken, um einen Blick auf so eine magische Behausung zu werfen!

Nicht nur für Kinder ist diese zauberhafte Schatzsuche etwas ganz Besonderes. Die Wege sind meist frei zugänglich und kosten keinen Eintritt. Machen Sie sich doch mal auf die Suche!

Kilkee

Das Örtchen *Kilkee* im Westen des Landes ist mit seinen 1024 Einwohnern eines der beliebtesten Urlaubsziele der Iren. Die Stadt liegt direkt am Meer an einer geschützten, hufeisenförmigen Bucht.

Trotz des meist ziemlich kalten Wassers ist sie ein beliebter Badeort. Das liegt nicht zuletzt an den natürlichen Pods, die über Jahrhunderte hinweg aus vorgelagerten Felsen des *Diggerna Reef* entstanden sind. Mit der Flut füllen sich die natürlichen Schwimmbecken entlang der Küste immer wieder mit frischem Wasser. Es ist ein seltenes Naturwunder, das jährlich zahlreiche Menschen anlockt.

Durch das äußert klare und saubere Wasser ist Kilkee eine Hochburg für Taucher. Exotische Meereslebewesen gibt es hier in Hülle und Fülle. Das ansässige Tauch- und Wassersportzentrum ist die beste Anlaufstelle für Anfänger und Experten. Geführte Tauchgänge gibt es von 10 bis 45 Metern Tiefe.

Auch für Freunde von Klippenspaziergängen bietet sich hier eine herrliche Szene. Die *Kilkee Cliffs* sind unbekannter als die 40 Kilometer nördlicheren *Cliffs of Moher* – dafür aber auch ursprünglicher und nicht so überlaufen.

BUDGETPLANUNG

Sie werden merken: Die Preise der Attraktionen sind mitunter ziemlich gepfeffert. Vor allem Dublin ist ein teures Reiseziel. Aber keine Sorge – viel sehen zu können muss nicht gleich mit viel bezahlen einhergehen. Nachfolgend möchte ich Ihnen Sparmöglichkeiten aufzeigen, die ich selbst schon getestet und für gut befunden habe.

Heritage Card

Der Erwerb einer *Heritage Card* befähigt Sie zum kostenlosen Eintritt aller Kulturerbstätten die von dem OPW (Office of Public Works) betrieben werden. Das OPW ist das irische Amt für öffentliche Arbeiten und hat sich dem Schutz und Erhalt vieler Sehenswürdigkeiten verschrieben.

Die geförderten Attraktionen belaufen sich aktuell auf 95 in ganz Irland – zu erkennen an der lilalfarbenen OPW-Flagge, die an diesen Orten ausgestellt ist. Welche genau das sind, können Sie auf der Internetseite www.heritageireland.ie oder der Broschüre, die Sie beim Kauf dazu erhalten, nachlesen.

Die Karte kostet 25 € pro Person, für Studenten nur 10 € und kann auf der Internetseite oder an den betreffenden Kulturstätten vor Ort direkt gekauft werden. Mitunter haben Sie so bereits nach drei bis vier Besuchen Geld gespart!

An den beinhalteten Attraktionen wird einfach die Karte vorgezeigt, die Nummer notiert und Sie unterschreiben. Dann können Sie sorglos das jeweilige Highlight genießen. Die Karte ist jeweils ein Jahr lang gültig.

Do Dublin Card

Wie der Name dieser Karte schon verrät, gilt diese Karte nur für die Hauptstadt der Insel. Als Leistung inkludiert sind hier der Flughafentransfer und die Nutzung der öffentlichen Verkehrsmittel für 72 Stunden ab Aktivierung.

Außerdem erhalten Sie ein 48-Stunden-Ticket für den grünen Hop-on-Hop-off Bus der *DoDublin*-Gesellschaft. Dieser Bus fährt durch die gesamte Stadt und macht an 33 verschiedenen Attraktionen halt. Sie können ganz für sich selbst entscheiden, wo sie aussteigen und später wieder einsteigen möchten.

Besonders hier sind die deutschsprachigen Busfahrer, die mit ihren witzigen Kommentaren die Busfahrt interessanter machen.

Mit Erwerb der „Do Dublin Card" können Sie an einem kostenlosen Stadtrundgang teilnehmen und das *little Museum of Dublin* besuchen, ohne Eintritt bezahlen zu müssen. In ausgewählten Shops, Pubs und Museen erhalten Sie auf Vorlage der Karte Rabatte.

Sie können den Pass bequem auf der Internetseite www.dodublin.de bestellen. Die Bestellbestätigung müssen Sie ausdrucken und damit den Pass im Flughafenbüro oder im Hauptbüro im Stadtzentrum einlösen. Die Karte wird unter „Do Dublin Freedom Card" angeboten und kostet 39,50 €. Eine Vergünstigung für Kinder gibt es nicht.

Dublin Pass

Eine weitere Methode, um in Dublin Geld zu sparen, ist der sogenannte *Dublin Pass*. Dieser Pass ermöglicht Ihnen den freien Eintritt zu 32 Sehenswürdigkeiten und Denkmälern der Stadt. Besonders toll ist hier der „fast track entrance" – heißt, Sie müssen an keiner der Attraktionen anstehen, sondern können einfach an der Schlange vorbei gehen.

Diese Karte befähigt ebenfalls zur Mitfahrt in einem Hop-on-Hop-off Bus; dem weinroten Bus der Firma. Dieses Vergnügen mit seinen 28 Haltestellen ist allerdings auf 24 Stunden beschränkt.

Auf www.dublin-pass.de können Sie Ihren persönlichen *Dublin Pass* beantragen, hier können Sie zwischen einer Laufzeit von einem bis fünf Tagen wählen. Der Pass kostet 61 bis 110 €. Für Kinder gibt es einen günstigeren Tarif; hier kostet der Pass zwischen 33 und 59 €.

Die Preise mögen Ihnen auf den ersten Blick hoch vorkommen, aber sollten Sie vorhaben, viel in Dublin anzusehen, lohnt sich die Karte bald. Vor allem, da Top-Attraktionen wie die Guinness-Brewery und die Christ Church Cathedral enthalten sind.

Eine genaue Auflistung der enthaltenen Sehenswürdigkeiten können Sie sich auf der Internetseite durchlesen; hier wird Ihnen auch die mögliche Preisersparnis ausgerechnet.

Die Karte können Sie sich digital auf Ihr Smartphone laden (hier gibt es sogar extra eine App), zuschicken lassen oder vor Ort in Dublin abholen. Sie bekommen stets eine ausführliche Stadtkarte dazu, auf der die Attraktionen markiert sind.

Achtung: Der Pass ist nur an aufeinanderfolgenden Tagen gültig und wird mit der ersten Attraktion aktiviert. Wenn Sie den Pass am Abend das erste Mal benutzen, so gilt dies bereits als der erste Tag. Deshalb am besten früh morgens aktivieren.

Sonstiges

Sie können natürlich mehrere Angebote kombinieren. Nicht zu empfehlen ist allerdings sich sowohl die Do Dublin Card als auch den Dublin Pass anzuschaffen, da sie sich in vielen Punkten recht ähnlich sind. Achten Sie auch auf Attraktionen, die kostenlos zu besuchen sind – davon gibt es wirklich eine Menge. Wenn Sie viel sehen wollen und gut planen, können Sie so viel Geld sparen.

Günstig übernachten können Sie am besten in den Bed & Breakfasts der Insel. Der Vorteil hier ist, dass Sie bereits ein leckeres Frühstück im Preis inbegriffen haben.

Für die Verpflegung können Sie mit ca. 30 bis 50 € pro Tag rechnen. Kochen Sie doch auch mal selbst! Viele Gastgeber bieten Ihnen gerne ihre Küche an. Die Preise in den Supermärkten sind nur geringfügig höher als in Deutschland.

Lassen Sie unbedingt auch ein bisschen Reisebudget (und Platz im Koffer!) für Souvenirs übrig. Einzigartige Mitbringsel finden Sie an jeder Ecke.

Check-Liste Reise Essentials

Wenn Sie nach Irland reisen, empfiehlt sich leichtes, handliches Gepäck. Nehmen Sie nur das Nötigste mit! Nachfolgend ein paar Tipps, die Ihnen die Auswahl erleichtern können.

• **Regenausrüstung**: Hier kommt es vor allem auf geeignete Kleidung an. Eine Regenjacke ist ein Muss, ein Schirm dagegen eher hinderlich. Damit werden Sie den Kampf gegen den stetigen Wind verlieren.

• **Wanderschuhe** oder feste Turnschuhe. Am

besten mit ausreichend Profil, damit Sie auch un-ebene Pfade gut begehen können. Ein dickes Plus ist auch hier, wenn die Schuhe wasserdicht sind.

• **Schichten**: An Kleidung können Sie alles einpacken, von T-Shirt über Wollpulli. Das Klügste ist hier wirklich, sich in Schichten zu kleiden, so können Sie die Regenjacke überziehen, sollte ein Schauer aufziehen, oder den Pullover ausziehen, wenn Sie im strahlenden Sonnenschein sitzen.

• **Adapter Steckdose**: Die Steckdosen in Irland haben drei Stifte, Netzspannung 230 V. Somit passen unsere gängigen, deutschen Stecker nicht. Unbedingt einen Adapter einpacken! Nützlich ist auch ein Stecker für den Zigarettenanzünder im Auto – hier kann man unterwegs bequem das Handy aufladen.

• **Badekleidung**: Wahrscheinlich wird Ihnen das Meer mit seinen höchstens 14 °C auch im Sommer zu kalt sein, aber Badekleidung braucht nicht viel Platz und man weiß ja nie, richtig?

- **Sonnenbrille, Sonnencreme**: Auch wenn es in Irland nicht sonderlich heiß wird und oftmals regnet, hat die Sonne doch eine erstaunliche Kraft, wenn sie durch die Wolken kommt. Sie wären nicht der Erste, der die Insel mit einem unerwarteten Sonnenbrand verlässt!

- **Fotoapparat**, Ladekabel, Speicherkarten: Um die schönsten Momente festzuhalten. Natürlich reicht hier auch eine gängige Handykamera.

- **Kreditkarte**: Visa und Mastercard werden meist akzeptiert, American Express dagegen nicht überall. Am besten genug **Bargeld** mitnehmen! Währung ist €.

- **Apps**: Es gibt viele gute, kostenlose Apps eigens für Irland. Zum Beispiel können Sie so Karten der Gegend offline herunterladen oder die nächstgelegenen Bed & Breakfasts finden.

- **Personalausweis oder Reisepass**: Essentiell wichtig zur Einreise. Deutsche Staatsbürger brauchen kein Einreisevisum und auch bei längerem Aufenthalt gilt keine Melde- oder Registrierungspflicht.

• **Impfungen** sind keine vorgeschrieben, hier empfiehlt es sich aber dennoch, die Standartimpfungen aufzufrischen bzw. zu vervollständigen.

• **Partyoutfit**: Die Iren machen sich für den Pub-Besuch gerne mal schick.

• Ein bequemer **Rucksack** ist ebenfalls ein Muss. Gerade für Wanderungen brauchen Sie etwas, um Ihre Habseligkeiten zu verstauen, ohne das gesamte Gepäck mitzuschleppen.

• **Musik**: Sollten Sie mit dem Auto reisen, erstellen Sie sich doch Ihre eigene Roadtrip-Playlist! Songs von Künstlern wie *Mumford&Sons* oder *Enya* passen ganz hervorragend in das irische Lebensgefühl.

• Ein **Handtuch** sollten Sie ebenfalls im Gepäck haben. In den meisten Unterkünften finden Sie welche vor, aber sollten Sie mal an den Strand fahren, sind Sie somit auch gerüstet.

• Was sie tatsächlich nicht brauchen ist: **Gute Laune**. Die stellt sich nämlich sehr schnell von selbst ein.

Résumé

Raue Winde, schäumende Wellen; die See sprüht Gischtwolken an meterhohe Granitwände. Schroffe Küsten und steile Klippen sorgen für einen unverwechselbaren Anblick. Sehen und spüren Sie die Kraft des Ozeans! Der Küste der Insel lässt ein Gefühl der Ehrfurcht entstehen.

Aber auch das Landesinnere sorgt für Faszination: unglaublich grüne Weiten mit ihren tiefblauen Gewässern; die Abgeschiedenheit nur gelegentlich von grasenden Rinder- und Schafherden unterbrochen. Endlose Steinmauern ziehen sich durch saftige Wiesen, bis hin zu pulsierenden Kleinstädten.

Malerische Buchten und bunte Hafenstädte werden vom Meer umspült und laden zum Verweilen ein.

Irland ist ein Paradies für Reisende. Es erwartet Sie eine umwerfende landschaftliche Schönheit, soweit das Auge reicht. Dieses wunderbare Land hält für jeden etwas bereit, vom Verdauungsspaziergang bis hin zur Bergsteigertour.

Sollten Sie von Dublin aus das Land bereisen, würde ich Ihnen raten, in der Hauptstadt zwei Tage zu Anfang einzuplanen und einen Tag am Ende Ihrer Reise. In dieser Zeit können Sie die wichtigsten Orte besuchen.

Wenn Sie wirklich flexibel bleiben wollen, sollten Sie sich für Ihre weitere Reise dann ein Auto mieten. Sie kommen so viel mehr herum und sind nicht auf vorgefertigte Pläne angewiesen. Keine Angst vor dem Linksverkehr – es ist viel einfacher, sich daran zu gewöhnen, als man denkt. Autos werden Ihnen sowieso nicht viele entgegenkommen; mit Sicherheit sehen Sie auf den Straßen mehr Schafe als andere Menschen! Hier kann es aber schon mal vorkommen, dass es aufgrund der blökenden Tiere einen Verkehrsstau gibt. Sie traben gerne in Herden gemütlich über die Straße.

Im Auto ist keine Minute unterwegs verschwendet, denn die Aussicht ist einfach durchweg atemberaubend.

Wenn Sie nicht allzu viel Reisezeit eingeplant haben, sollten Sie sich eher auf die Küste des Landes konzentrieren. Eine Besonderheit reiht sich hier an die andere. In kalten Winternächten können Sie hier sogar die Polarlichter am Himmel tanzen sehen.

Sie können sich ihr eigenes, ganz persönliches, Reiseprogramm gestalten und ein großartiges Abenteuer erleben.

Abschließend möchte ich Ihnen ans Herz legen: lassen Sie sich Zeit! Irland ist wahrlich kein Reiseziel für Hektik und Stress. Das Land ist perfekt, um sich treiben zu lassen und zur Ruhe zu kommen. Atmen Sie im Einklang mit der Natur tief durch. Wenn Ihnen ein Ort besonders gut gefällt, bleiben Sie doch einfach länger!

In Irland lebt ein Volk der Geschichtenerzähler; lassen Sie sich von ihren Mythen und Legenden mitreißen und bestaunen Sie die bis heute lebendige Geschichte des Landes. Hören Sie sich die mystischen und teils romantischen Erzählungen der Orte an.

Typisch irisch ist natürlich die Freundlichkeit und Offenheit der Menschen mit ihrer Vorliebe für dunkles Bier. Ihre Begeisterung für Musik, Literatur und die eigenen Geschichte ist einfach ansteckend. Sie werden sich mit Sicherheit willkommen fühlen!

Das aufregende Eiland hat einiges zu bieten, was Ihnen die Reise zu keinem Zeitpunkt langweilig erscheinen lassen wird. Entdecken Sie auf Ihrem Weg immer neue, faszinierende Highlights und eine einzigartige Kultur. Ein besonderer Zauber wohnt der Insel inne, die Ihren Ursprung in jahrtausendalter Mythologie findet.

Lassen Sie sich auf eine Reise ein, die Ihnen noch jahrelang in traumhafter Erinnerung bleiben wird. Die besten Geschichten sind schließlich die, die man selbst erlebt hat!

Herstellung und Verlag:

BoD – Books on Demand, Norderstedt

ISBN: 9783751998772

1. Auflage

Kontakt: Psiana eCom UG/ Berumer Str. 44/ 26844 Jemgum

Covergestaltung: Fenna Larsson

Coverfoto: depositphotos.com